CONGRÈS DES DIACONATS

ET

SOCIÉTÉS PROTESTANTES DE BIENFAISANCE

Tenu au Temple de Lille

LES 23 ET 24 OCTOBRE 1902

―――

RAPPORT

par A. BELLEMIN

―――

Prix : 0,30

―――

LYON

A. REY ET Cⁱᵉ, IMPRIMEURS-ÉDITEURS

4, RUE GENTIL, 4

―

1903

CONGRÈS DES DIACONATS

ET

SOCIÉTÉS PROTESTANTES DE BIENFAISANCE

RAPPORT

par A. BELLEMIN

CONGRÈS DES DIACONATS

ET

SOCIÉTÉS PROTESTANTES DE BIENFAISANCE

Tenu au Temple de Lille

LES 23 ET 24 OCTOBRE 1902

RAPPORT

par A. BELLEMIN

Prix : 0,30

LYON

A. REY ET Cie, IMPRIMEURS-ÉDITEURS

4, RUE GENTIL, 4

1903

Aux Fidèles
de l'Eglise réformée de Lyon.

Que faites-vous pour votre Église?

Sans doute vous l'aimez, vous lui êtes attachés, vous vous affligez des attaques qui lui sont adressées, vous êtes résolus à la défendre. Et, cependant, vous abandonnez complètement aux Conseils de l'Église, aux pasteurs et aux membres des divers Comités, le soin d'accomplir toute la tâche qui lui incombe.

Nous avons besoin de membres vivants et actifs dans notre Église. Si votre conscience, consultée devant Dieu, reconnaît que vous faites tout votre possible, nous n'avons rien à vous demander. Mais si vous devez avouer que vous ne consacrez pas encore à votre Église le peu de temps et le peu de ressources dont vous disposez, nous vous conjurons de profiter de ce salutaire avertissement et de vous mettre à l'œuvre sans plus tarder.

Les pasteurs sont tout disposés à examiner avec vous quelle œuvre répond le mieux à ce que vous pouvez nous offrir de votre activité et de votre sympathie.

Ils vous recommandent spécialement le Diaconat, c'est-à-dire le soin des pauvres — ou les Comités de patronage qui veillent à ce que les

— 6 —

jeunes gens apprennent un métier et deviennent capables de gagner leur vie — et les Comités qui s'occupent de l'enfance et de la vieillesse.

Vous pouvez vous adresser également aux présidents des divers Diaconats :

Pour le premier arrondissement : M. André Æschimann, Compagnie de Montrambert, rue de la République, 2.

Pour le deuxième arrondissement : M. Auguste Soubeyran rue de l'Hôtel-de-Ville, 32.

Pour le troisième arrondissement : M. A. Bellemin, rue Bugeaud, 17.

Pour le quatrième arrondissement : M. L'Eplattenier, chez MM. les petits-fils de C.-J. Bonnet et Cie, rue du Griffon, 8.

Pour le cinquième arrondissement : M. le professeur Brouilhet, cours Lafayette, 21.

Pour le sixième arrondissement : M. Georges Perrochet, cours Morand, 19.

Et à M. le Boursier des pauvres, M. Zindel, Compagnie des Salins du Midi, quai de l'Hôpital, 7.

Que personne ne se laisse arrêter par son humilité ou son obscurité, mais que chacun offre simplement la collaboration effective dont il est capable. Il nous faut une armée de personnes de bonne volonté pour ranimer et vivifier notre action sociale et morale.

Que Dieu, que Christ, vous éclairent et vous donnent « le vouloir et le faire » !

Pour les Pasteurs,

G. FULLIQUET.

RAPPORT

LE CONGRÈS DES DIACONATS

ET SOCIÉTÉS PROTESTANTES DE BIENFAISANCE

Lu au Temple du Change

Le 25 Novembre 1902

DANS UNE RÉUNION OÙ AVAIENT ÉTÉ CONVOQUÉES
TOUTES LES PERSONNES S'OCCUPANT D'ŒUVRES DE BIENFAISANCE
PROTESTANTES A LYON

MES CHERS PASTEURS,
MES CHERS CORELIGIONNAIRES,
MESDAMES, MESSIEURS,

Délégué à la Conférence de Lille par le Diaconat de l'Eglise réformée de Lyon, je dois tout d'abord remercier ceux qui m'ont fait cet honneur que je ne méritais pas.

C'est d'ailleurs notre excellent boursier des pauvres, M. Zindel, mon ancien chef dans les affaires, aujourd'hui mon ami très estimé, qui avait été désigné pour cette mission, et je n'ai pu, cela va sans dire, qu'imparfaitement le remplacer.

Je vous apporte ici des notes prises au vol au cours des séances et, par conséquent, sujettes à caution. Aussi, vous prié-je d'en vérifier l'exactitude sur le compte rendu officiel qui sera, je crois, imprimé par les soins de la Commission d'action sociale.

Pour être clair, j'ai rangé ces renseignements dans l'ordre suivant :

1° Composition du Congrès et du Bureau ;

2° Résultats de statistique de l'enquête faite au moyen du questionnaire envoyé à tous ;

3° Quelques vœux exprimés par des Églises et des Diaconats dans les réponses à ce questionnaire ;

4° Rapports et communications, et conclusions et vœux adoptés ;

5° Vote de réunion d'un prochain Congrès ; vœux renvoyés à ce Congrès.

A la suite, enfin, de cet exposé, j'ai tenté de faire ressortir, en manière de conclusion, quels pourraient bien être, parmi les devoirs signalés à Lille comme incombant à nos Églises, celui ou ceux qui devaient plus spécialement retenir notre examen.

J'ouvre, sans plus de préambule, le

CHAPITRE PREMIER

COMPOSITION DU CONGRÈS ET DU BUREAU

Le Congrès de Lille a été composé au moyen de trois éléments, savoir :

a) Des membres de la Commission d'action sociale (membres de droit) ;

b) Des délégués réguliers d'Eglises de France, protestantes, réformées ou luthériennes, et d'œuvres de bienfaisance au service de ces Eglises, mais autonomes;

c) De hautes personnalités présentes au Congrès sans aucun mandat, mais dont le concours fut réclamé, et au nombre desquelles figuraient MM. GIDE, DOUMERGUE, ROBIN, DE BOYVE, COMTE, etc.

Le nombre total des membres admis de la Conférence a été d'environ 130, ainsi répartis :

Personnalités diverses. . .	9
Commission d'action sociale.	11
Délégués divers	110
Total. . .	130

Voici le détail des délégués :

Paris.	31	(hommes et dames).
Amiens	2	(1 délégué homme et 1 dame).
Anduze	1	
Bolbec	1	
Bruay	1	
Caen.	2	
Douai	1	
Dunkerque. . .	1	(délégué dame).
Epinal	1	
Jarnac	1	
Le Havre . . .	3	
Lille	8	(5 délégués hommes et 3 dames).
Luneray. . . .	2	
Lyon.	2	
Reporté , . .	57	

Report . . .	57	
Marseille et Tou- louse réunis. .	1	(compté pour 3 voix).
Montauban. . .	1	
Montilly . . .	1	
Nantes	5	(2 délégués hommes et 3 dames).
Orthez	1	
Quiévy (Nord). .	2	
Reims	3	
Roanne. . . .	1	
Roubaix. . . .	6	(3 délégués hommes et 3 dames).
Saint-Amand-les- Eaux (Nord) .	4	
Saint-Dié . . .	3	
St-Quentin. . .	4	(2 délégués hommes et 2 dames).
Sauveterre de Béarn. . . .	1	
Sedan	3	
Walincourt . .	2	
Valenciennes . .	1	
Valentigney . .	1	
Divers, dont les noms m'ont échappé . . .	13	
ENSEMBLE . . .	110	

comme ci-dessus.

La composition du Bureau a été celle-ci :

Président : M. le pasteur TROCMÉ, de Saint-Amand-les-Eaux, président du Consistoire de Lille;

Deux vice-présidents laïques : Mlle Lucile MORIN, déléguée de la Société des Dames de Batignolles, et moi;

Quatre secrétaires, savoir : M le pasteur César
MEYER ; M. le pasteur S. LOMBARD ; M. le pasteur DEJARNAC ; M. KRONING.

CHAPITRE II

RÉSULTATS DE STATISTIQUE DE L'ENQUÊTE FAITE AU MOYEN DU QUESTIONNAIRE ENVOYÉ PAR TOUTE LA FRANCE

Rapporteur général : M. le pasteur GOUNELLE, de
Roubaix.

Résultats :

a) Sur *1.000* questionnaires envoyés, il a été
répondu par *262 Églises,* représentant *317 institutions diaconales ;*

b) Sur ces *262 Églises,*

17 n'ont ni diaconat, ni conseil presbytéral faisant fonctions de diaconat,
ni Comité de dames quelconque ;

35 n'ont ni diaconat, ni Conseil presbytéral faisant fonctions de diaconat,
mais ont des dames en Comités ;

22 n'ont qu'un Conseil presbytéral faisant fonctions de diaconat, et pas de
dames ;

· 76 ont, outre leur Conseil presbytéral,
un diaconat, mais pas de dames ;

Reporté , 150

Report . 150

> 11 ont, outre leur Conseil presbytéral,
> un diaconat mixte;
>
> 9 ont un Conseil presbytéral faisant
> fonctions de diaconat, plus un
> Comité de dames;
>
> 92 ont un diaconat, plus une ou plu-
> sieurs Sociétés de dames : bienfai-
> sance, couture, etc.

Total égal 262

c) 262 Églises seulement ayant répondu sur
1.000 questionnaires, il n'a pas été possible de connaître le nombre des Églises sans diaconat, mais,
d'après un travail excellent des plus méritoires, fait
par M. le pasteur Julien Martin de Quiévy, pour la
région du Nord la répartition est la suivante :

> Sur *18* Églises, officielles ou officieuses, il y en a :
> *10* avec Conseil presbytéral faisant fonc-
> tions de diaconat ;
> *4* avec diaconats féminins seulement ;
> et *20* sans aucune organisation quelconque,
> hommes ou femmes.

d) On ignore de même les nombres de diacres et
de dames de bienfaisance pour toute la France, mais,
en faisant la proportion, d'après une statistique
établie sur *122* diaconats connus (statistique qui
donne *1.243* diacres et *72* (?) dames), on arriverait
aux chiffres de 3 à *4.000* diacres et dames de bienfaisance pour tout le pays :

e) Le nombre des pauvres secourus, calculé pour 111 diaconats seulement, est de *5.750* pauvres pour *928* familles, soit environ *10.000* pauvres pour toute la France, si l'on essaye de compléter, par estimation, pour toutes les Églises qui font défaut.

f) Dans les orphelinats, il y a, d'après un Rapport de M. le pasteur Gayte (voir ci-après p. 52), *2.055* orphelins.

CHAPITRE III

QUELQUES VŒUX EXPRIMÉS PAR DES ÉGLISES ET DIACONATS DANS LEURS RÉPONSES AU QUESTIONNAIRE

Voici ces vœux :

1° *Vœux concernant les diacres personnellement :*
a) Rédaction d'une lettre leur faisant connaître quels sont leurs fonctions et leurs devoirs ;

b) Que chaque diacre ait la surveillance d'un quartier ;

c) Que les diacres ne puissent être nommés qu'après un stage ;

d) Qu'ils soient installés et consacrés par une assemblée avec allocution sur leurs fonctions et leurs devoirs ;

e) Qu'ils soient nommés par le Conseil presbytéral, ou par le diaconat avec approbation du Conseil presbytéral.

2° *Vœux concernant le fonctionnement moral et*

social, soit au point de vue local, soit au point de vue général :

a) Qu'il soit créé, dans chaque diaconat, une Commission d'études pour l'éducation pratique des diacres;

b) Que l'on combatte l'ignorance chez les pauvres par des conférences de toutes sortes ;

c) Qu'on assiste les pauvres à domicile.

3° *Vœux concernant les différents ministères de la femme :*

a) Réunions mixtes ;

b) Admission des femmes dans les diaconats.

4° *Vœux concernant l'évangélisation et la bienfaisance des diaconats, et vœux divers :*

a) Organisation de l'effort en vue de la lutte contre le paupérisme et contre ses causes et ses conséquences ;

b) Création de maisons de santé antituberculeuses ;

c) Création de trois ou quatre sanatoria régionaux ;

d) Etude de la question des tuberculeux ;

e) Etude de la question des sans-travail ;

f) Que chaque orphelin ait un membre de l'Eglise pour tuteur moral ou légal ;

g) Propagation de l'œuvre des loyers ;

h) Création d'hospices de vieillards,

i) Que l'on s'occupe des enfants moralement abandonnés en les envoyant, au besoin, dans des orphelinats, de façon à n'avoir recours à l'assistance publique que contraints et forcés ;

j) Création de bureaux de placement, pour offres et demandes ;

k) Création de la solidarité absente pour achats de toutes sortes, entre les consommateurs et les petits commerçants de la religion protestante, avec établissement, par les diaconats, de listes des petits commerçants;

l) Faire que les ouvriers ne se désintéressent plus des diverses communautés évangéliques. Les introduire dans les Conseils des Eglises et les diaconats ;

m) Que l'on crée des fiches signalétiques des assistés complétées au moyen de carnets de réception ;

Enfin, *n)* Que l'on établisse le type du diaconat idéal, et que l'on indique ce qu'il faut faire pour gagner le cœur du peuple et l'édifier.

La liste de ces vœux étant épuisée, j'arrive au

CHAPITRE IV

RAPPORTS ET COMMUNICATIONS
ET CONCLUSIONS ET VŒUX ADOPTÉS

PREMIER RAPPORT

Le premier rapport lu au Congrès a été le **Rapport de M. le pasteur Babut,** président de la Commission d'action sociale sur **les fonctions et les qualifications des diacres, d'après le Nouveau Testament.**

Je regrette de ne pouvoir donner ici, même une

simple analyse de ce beau rapport. Ce que je puis en
tout cas dire, c'est qu'il a exposé, développé, traité,
d'une façon si éloquente le sujet étudié, que l'Assemblée, enthousiasmée, en a voté l'impression sur le
champ par acclamations, avec l'intention qu'il soit
distribué à tous les diacres dans les diaconats.

Les quinze conclusions ci-après, présentées simultanément par M. le pasteur Babut, et votées par la
Conférence, édifieront, en attendant, sur la netteté,
l'importance, et la haute valeur morale de ce travail:

Première Conclusion votée : Le protestantisme
étant un retour au christianisme apostolique le diaconat protestant doit prendre pour modèle le diaconat primitif, tel qu'il se présente à nous dans le
Nouveau Testament, et s'efforcer d'en reproduire
d'une manière vivante, sans servilité. l'esprit et les
caractères essentiels.

Deuxième Conclusion votée : Le soin des pauvres
a tenu, dès l'origine, dans les préoccupations et dans
l'activité de l'Eglise de Jésus-Christ, une place con-
sidérable, qu'il gardera jusqu'à la fin. Une Eglise
qui négligerait ce devoir et se laisserait ravir ce
droit, ne mériterait plus d'être appelée chrétienne.

Troisième Conclusion votée : Le Nouveau Testament affirme et réclame, avant tout, ce que nous
pouvons nommer le *Diaconat universel,* par où
nous entendons que chaque chrétien est appelé à
devenir le serviteur de ses frères et, en particulier,

des plus pauvres et des plus petits d'entre eux, à
l'exemple de Jésus-Christ et pour l'amour de lui.
Plus il est élevé au point de vue extérieur et social,
plus il doit s'abaisser, par amour.

Quatrième Conclusion votée : Toutefois, la bienfaisance privée et faite en dehors de toute organisation est souvent mal informée, et involontaire-
ment partiale. De là résulte la nécessité d'un *Diaconat spécial*, administrateur des charités de l'Eglise
comme telle. Partout où il y a des chrétiens et des
pauvres, il doit y avoir des diacres.

Cinquième Conclusion votée : La coexistence du
diaconat universel et du diaconat spécial, ou, ce qui
revient au même, de la charité privée et de la charité
officielle (de l'Eglise, de l'Etat, de la Commune),
quoique bonne et louable en soi, peut engendrer des
abus. Pour y obvier, il serait nécessaire qu'il y eût
dans chaque localité importante un bureau de renseignements complets sur tout ce qui se rapporte à
l'assistance. En ce qui touche les pauvres protestants, le diaconat est mieux placé que personne
pour créer ce bureau.

Sixième Conclusion votée : D'après l'épître aux
Galates, chapitre VI, verset 10 : « Faisons du bien
à tous, mais surtout aux membres de la famille de la
foi », la bienfaisance du diaconat doit s'exercer,
avant tout, au-dedans des cadres de l'Eglise ; mais
il y a des cas où elle ne doit pas craindre de les

dépasser. Ainsi, seulement, nous serons quelque peu
d'accord avec la parabole du bon Samaritain.

Septième Conclusion votée : L'activité du diaconat
embrasse tous les genres de service et d'assistance à
rendre aux malheureux. De l'obligation universelle
du travail, proclamée par le Nouveau Testament, il
résulte qu'il faut, autant que possible, aider l'indigent
valide en lui procurant du travail, l'invalide seul par
l'aumône.

Huitième Conclusion votée : Le but de l'activité
du diaconat, comme de toute activité chrétienne, est
le royaume de Dieu.

C'est-à-dire qu'elle doit travailler au relèvement
du pauvre, dans le sens le plus large du mot.

Elle se propose de l'affranchir de tout ce qui le
rend impropre pour le royaume de Dieu, en d'autres
termes, de tout ce qui l'empêche d'être tout à fait un
un homme et un chrétien.

Neuvième Conclusion votée : Ainsi, l'œuvre du
diacre, ou l'assistance qu'il procure, n'est pas exclusivement matérielle ; elle est spirituelle aussi. Prise
dans toute sa hauteur, elle n'est pas seulement un
appui, mais une forme, de l'évangélisation, quoi-
qu'elle doive s'abstenir, avec le plus grand soin,
de provoquer de la part de l'indigent des manifestations religieuses intéressées.

Dixième Conclusion votée : La bienfaisance du

diacre doit être généreuse, fraternelle, joyeuse. Pour rendre cette bienfaisance possible, l'Église doit être prête à de vrais sacrifices.

Onzième Conclusion votée : Il doit y avoir des diaconesses aussi bien que des diacres, car il y a plusieurs formes de l'assistance pour lesquelles les femmes sont mieux qualifiées que les hommes. Chaque Église devrait avoir *sa* ou *ses* diaconesses, auxiliaires du pasteur (comme Phœbé l'était de Saint Paul).

Douzième Conclusion votée : Pour remplir, dans toute son étendue, la tâche que nous avons définie, il serait nécessaire que diacres et diaconesses fussent personnellement chrétiens, c'est-à-dire, qu'ils eussent une foi vivante en Jésus-Christ, agissante par la charité. A plus forte raison, est-il indispensable qu'ils soient exempts de vices et qu'ils jouissent d'une honorabilité incontestée.

Treizième Conclusion votée : L'idée exprimée par Saint Paul, d'une épreuve ou d'un stage préparatoire au diaconat, mérite d'être prise en considération et, si les circonstances le permettent, d'être mise en pratique.

Quatorzième Conclusion votée : L'entrée en charge des diacres devrait être précédée de leur installation solennelle en présence de toute l'Église, par une exhortation spéciale et par la prière.

Quinzième Conclusion votée : A l'égard du choix des diacres, il devrait y avoir entente et coopération, sous une forme à déterminer, entre les directeurs de l'Eglise (pasteurs, anciens, diacres déjà en charge), et l'ensemble des fidèles.

DEUXIÈME RAPPORT

Rapport de M. de Boeck, professeur à la Faculté de Droit de Bordeaux, sur : **Les réformes urgentes; les moyens de relèvement qu'il faut associer ou substituer à l'aumône.**

Le long rapport présenté par M. de Boeck a été une sorte d'analyse de presque tous les cas de pauvreté, d'indigence, et de misère, ainsi que des divers moyens pratiques envisagés comme remèdes ou bien comme agents de préservation.

M. de Boeck croit au relèvement final de tous, riches et pauvres, par l'Evangile.

Il part de cette conviction pour offrir comme diacre idéal, celui qui aurait en lui l'esprit chrétien, et pour demander que des diacres modèles soient formés. Il indique pour cela la prière, les lectures, le culte, les études bibliques dans les diaconats, les conférences sur questions morales et sociales, etc.

M. de Boeck dit en second lieu que c'est le devoir des diaconats, non seulement de lutter contre le paupérisme, mais aussi de travailler au relèvement moral et social des malheureux.

Pour ce relèvement il préconise le contact direct, soit dans les campagnes, soit dans les villes, par des réunions diverses et surtout par des visites familières à domicile par les hommes et par les femmes (qu'ils soient diacres ou qu'ils ne le soient pas), ces visites devant donner lieu à des « causeries » sur des sujets tels que l'hygiène, la couture, le ménage même, etc.

C'est ce qu'il désigne par ces mots : la pénétration réciproque des classes; et ce qui devrait faire du visiteur habituel, non un distributeur d'aumône, mais un soutien et un ami.

A ce propos, il cite le cas d'un visiteur qui, à Nîmes, a fait en une seule année 700 visites.

Peu de familles, deux ou trois au plus, mais beaucoup de visites : telle elle est son idée.

Il voudrait d'ailleurs qu'on laissât toute latitude au visiteur sur le choix des moyens à employer dans cette œuvre permanente. Et ce serait là, selon lui, « l'évangélisation » réclamée des diacres, cette évangélisation ne pouvant généralement pas être faite par les laïques à la façon des pasteurs.

Leur demander seulement de posséder, mais de posséder réellement l'esprit chrétien, et d'agir suivant cet esprit, — avec des indications générales, cela suffirait.

M. de Boeck énumère ensuite les différentes manifestations de la pauvreté, de l'indigence, de la misère :

Les logements insalubres ;

L'alimentation insuffisante ;

Le défaut d'hygiène ;

L'alcoolisme ;

L'abandon matériel ou moral d'enfants orphelins ou d'enfants de parents cruels ou indignes ;

La détresse des individus atteints d'infirmités permanentes;

Le délaissement des malades et des vieillards;

Et, par cette simple énumération, il démontre que partout dans les villes comme dans les campagnes, il y a quelque chose à faire, par les diaconats et en dehors d'eux.

Puis, remontant aux causes, il mentionne :

La maladie des volontés;

La paresse ;

L'ignorance et le manque d'éducation ;

L'immoralité ;

Les maladies physiques;

Les accidents ;

La mort ;

L'insuffisance des salaires;

Le chômage ;

L'outillage actuel de l'industrie.

A côté des moyens, « moraux » pour ainsi dire, ou en attendant l'effet à produire par ces moyens signalés par lui, effet dont feraient partie : la guérison de la maladie des volontés, l'action de préserver de cette maladie les jeunes gens, et la conversion des ivrognes et des débauchés, M. de Boeck donne comme moyens de défense et comme remèdes :

Le Bureau central protestant de renseignements, ou à défaut l'Office central;

La répartition dans des familles protestantes à la campagne des enfants à recueillir, — à défaut seulement, les asiles;

Les œuvres d'apprentissage ;

Les asiles pour les vieillards et les invalides en permanence ;

Les colonies agricoles protestantes pour les mendiants et vagabonds, qui ne veulent pas travailler ;

Les maisons de retraite pour les buveurs, ou la « transplantation » de la ville à la campagne des familles d'alcooliques ;

L'éducation anti-alcoolique et anti-tuberculeuse ;

L'assistance des femmes ouvrières en couches ;

L'assurance contre le chômage ;

Les prêts gratuits, ou sans intérêts, par Sociétés spéciales ou par diaconats ;

Les Sociétés de secours mutuels et les Sociétés de retraite ;

Les cercles-restaurants ;

Les Syndicats de travail pour les ouvrières protestantes ;

Les bureaux de placement protestants ;

Les œuvres « protestantes » d'hospitalité par le travail ;

Les avertissements aux travailleurs des campagnes, pour enrayer l'émigration vers les villes ;

La solidarité protestante entre commerçants et acheteurs ;

L'aumône, enfin ; mais, ajoute M. de Boeck, en la réservant pour les infirmes, les malades et les vieillards.

Il constate ensuite que c'est la Société qui profite des avantages de l'outillage industriel meilleur, et que c'est donc à elle, d'après lui, à venir au secours de ceux qui en souffrent.

Il cite une œuvre intéressante :

La Société des Dames de Berlin, créée sur l'initiative de ces Dames en suite d'entrevues, provo-
quées par elles, avec de vraies ouvrières, en couture,
en lingerie, etc. ; syndicat composé de membres
extérieurs (classe bourgeoise), et de membres ordi-
naires (ouvrières, femmes et filles travaillant chez
elles).

La cotisation est, par mois, de 20 centimes.

Elle est perçue à l'entrée des réunions, qui ont
lieu deux fois par mois, et dans lesquelles sont faites
de petites conférences, avec débats libres sur questions pratiques.

Les ouvrières apportent là du thé, des pâtisse-
ries, etc. ; l'on y fait de la musique, et l'on y récite
des poésies.

On y lit des versets de la Bible, et l'on y fait des
prières.

On y trouve des livres à emporter.

Outre la caisse de secours de maladie, il y a dans
ce Syndicat un service de placement, une caisse
pour les cas de décès de la femme, ou du mari, ou
d'un enfant, et puis, une caisse d'épargne servant à
des achats de machines à coudre à prix réduit.

Diverses villes d'Allemagne : Breslau, Dussel-
dorf, etc., ont des Syndicats de ce genre, et il y a
un syndicat général pour toutes ces villes.

Le pasteur n'a pas de rôle théologique dans ces
Sociétés, mais ces Syndicats ont un caractère nette-
ment religieux.

M. de Boeck, enfin, s'élève contre certains diaconats qui sont, pour ainsi dire, devenus des distribu-

teurs automatiques de secours, — dont le souci principal est la défense de la caisse, — dans lesquels on se
flatte de savoir éviter de donner, — et où le décès
d'un assisté est l'occasion d'un contentement.

A ce diaconat, il oppose en terminant le diaconat,
ami, conseil, éducateur, de ses pauvres.

En suite du rapport de M. de Boeck, la Conférence
a voté *sept conclusions.*

Les voici :

Première Conclusion : Qu'il soit institué un diaconat dans toutes les Églises locales qui n'en sont
pas encore pourvues, même dans celles où il n'y a
pas d'indigents proprement dits.

Deuxième Conclusion : Que les diaconats, exclusivement fondés sur le système de l'aumône directe,
soient réformés ou complétés.

Troisième Conclusion : Que la réglementation des
diaconats se préoccupe de plus en plus des moyens
propres à amener le relèvement matériel, moral et
social, de ceux qui souffrent.

Quatrième Conclusion : Qu'à cet effet, l'étude pratique de l'Écriture Sainte et l'étude pratique des
questions morales et sociales soient introduites dans
chaque diaconat.

Cinquième Conclusion : La Conférence recom-

mande, notamment : les études bibliques mensuelles,
sous la direction ou avec la collaboration d'un pasteur ; les échanges de vues périodiques entre membres du diaconat, sur tel ou tel problème moral ou
social intéressant les classes ouvrières ; les communications écrites présentées par un membre du diaconat ou par une personne compétente étrangère au
diaconat, sur telle ou telle œuvre morale ou sociale
d'assistance, de relèvement ou de préservation, etc.

Sixième Conclusion : Comme moyens pratiques,
d'une application relativement facile et générale, la
Conférence appelle l'attention des diaconats *sur les
visites à domicile,* destinées à amener le contact personnel et direct ; sur les colonies de vacances ; sur
les œuvres de prévoyance et de mutualité féminines ;
sur les Sociétés de prêts gratuits ; sur les sociétés de
secours mutuels ; sur les caisses de retraite pour les
vieillards, veuves et orphelins ; les maisons d'apprentissage pour orphelins ; le patronage des apprentis,
œuvres des petites familles, etc. ;

Septième conclusion. — Que les diaconats revien-
nent, dans la mesure où ils s'en seraient écartés,
aux principes essentiels du diaconat apostolique.

TROISIÈME RAPPORT

**Rapport de M. le pasteur Trial sur la place et la part
des femmes dans le Diaconat :**

M. le pasteur Trial s'était réservé la tâche, aussi

agréable que facile, de faire l'éloge des femmes, et
de leur supériorité sur l'homme dans la bienfaisance.

Dans une... improvisation des plus vibrantes,
extrêmement remarquable, il a dépeint leur grâce
native, unie à leur bonté délicate, leur pénétration
extraordinaire de jugement, leur souci de tout, leurs
élans « maternels » de compassion, d'amour pour
tous ceux qui souffrent, et de sublime charité.

Il a dit leurs dévouements passionnés, leurs longs
et patients sacrifices, leurs ardentes angoisses devant
la misère, leur extrême facilité à tout voir, à tout
deviner ce qui doit agir en bien pour ceux qu'elles
assistent, — leur triomphe sur l'homme, en un
mot!

Est-il besoin d'ajouter que c'est aux applaudisse-
ments unanimes des hommes, seuls, qu'il a conclu,
— car, joignant à tous ces dons et qualités énumérés
la modestie la plus exquise, les dames et demoiselles
déléguées à la Conférence se sont abstenues.

Comme sanction consécutive, le Congrès a voté le
vœu suivant :

« La Conférence émet le vœu que notre Église
reconnaisse le droit de la femme à être admise dans
les diaconats, sous les formes à déterminer par les
diaconats dans chaque paroisse, au même titre et
avec les mêmes droits que l'homme ».

Immédiatement après, **M. le pasteur Hoffet** a fait une **communication** signalant les avantages de tout ordre, de l'œuvre des diaconesses dont il est à Paris le directeur.

Il a expliqué combien il serait utile, nécessaire, pour la bonne exécution du travail de bienfaisance dans toutes les paroisses, que, dans chacune d'elles, une diaconesse fût adjointe au pasteur ou au Comité de bienfaisance, — et, dans ce but, combien il est de même indispensable de soutenir l'œuvre des diaconesses qui les forme. — Car, a-t-il dit, la « vocation » ne suffit pas; il faut une préparation spéciale, que peut seulement fournir une organisation embrassant un enseignement régulier complet, soit : formation ou culture de l'éducation, travaux de couture, soin des malades, fonctionnement des œuvres diverses, évangélisation, etc., etc.

Le rôle des diaconesses compris de la sorte, élargirait dans une grande mesure leur champ d'action, et les mettrait mieux à même de constituer le rouage qui manque, entre le pasteur et ses Comités.

Avec M. le pasteur Trial, M. le pasteur Hoffet pense que des femmes célibataires, ou veuves, par exemple, pourraient trouver là, en se dévouant au profit des humbles, non seulement l'avantage moral, mais un moyen d'assurer leur subsistance.

Il propose ce *vœu* qui est voté :

« La Conférence souhaite que les œuvres de diaconesses de langue française, existantes ou à créer, puissent donner aux jeunes filles ayant une instruc-

tion suffisante, un enseignement régulier et complet
leur permettant, même à défaut d'affiliation, de remplir dans les paroisses ou les champs de mission, les
fonctions de diaconesses de paroisse et d'éducatrices
d'œuvres d'évangélisation ».

Les *deux conclusions* ci-après de M. le pasteur
Hoffet ont été votées également :

1° *Le relèvement du ministère de la femme* est
l'une des conditions essentielles du réveil de la vie
dans l'Eglise chrétienne.

2°' Dans l'état actuel des choses, il est urgent de
rétablir, sous la direction des pasteurs, le *ministère
de la diaconesse de paroisse.*

QUATRIÈME RAPPORT

Le quatrième et dernier Rapport a été lu par **M. le professeur de théologie E. Doumergue,** sur la lutte
contre la tuberculose, et les diaconats ».

Utilisant les statistiques faites ou citées, par les
savants contemporains, et s'autorisant des constata-
tions et des opinions des docteurs en médecine les
plus éminents, M. le professeur Doumergue a cap-
tivé, littéralement, son auditoire, par la description
tour à tour la plus émouvante et la plus pittoresque,
la plus séduisante et la plus tragique, — du mal
terrible qui emporte chaque année tant d'êtres hu-
mains, — des sources diverses de ce mal, — du
passage des bacilles d'un homme à l'autre, — et,

finalement, des moyens de le prévenir et de le gué-
rir et, parmi lesquels, le Sanatorium.

Après — une très vive critique, faite par M. le
Dr Morin de Paris, des statistiques médicales
pour cette maladie, — une opposition irréductible
de sa part contre la seule idée même du Sanatorium,
— et, au contraire, une proposition de M. le pasteur Gounelle d'encourager la création de Sanatoria
suburbains à proximité des villes pour les ouvriers
qui pourraient ainsi, tout en continuant à travailler,
trouver le reste du temps à peu de distance de leurs
familles, les soins nécessaires, la Conférence a pris
la délibération suivante :

« La Conférence, se reconnaissant incompétente
dans la question de création de Sanatoria à prix
coûtant, recommande, à l'examen approfondi par
l'Eglise, cette question, surtout en faveur des classes
pauvres ».

Cinq conclusions de M. le professeur Doumergue
ont été votées ensuite ; — elles sont :

1° Toute Eglise protestante doit arriver à posséder
ses Ligues anti-alcooliques : *Ligues cadettes*, dans
les Ecoles du dimanche et du jeudi ; *Ligues d'adul-
tes, Ligues morales*, sous la direction ou le patronage des diaconats.

2° Tout diaconat doit se préoccuper des logements insalubres et, s'il ne peut arriver à les suppri-
mer ni même à les remplacer tous par la construc-
tion de maisons ouvrières, son devoir du moins, est

de combattre la surpopulation et la saleté, qui constituent le plus grand danger des logements insalubres.

3° Tout diaconat établi dans un centre populeux doit avoir sa colonie de vacances, ou bien s'associer avec d'autres diaconats pour former une colonie commune.

4° Tout diaconat doit être un véritable dispensaire antituberculeux, remplissant son rôle prophylactique, qui est de rechercher les malades et de faire l'éducation hygiénique des familles, sauf à s'avancer dans la voie des dépenses d'alimentation et de blanchissage (appartements et linge), selon la mesure de ses ressources.

5° Comme la lutte contre la tuberculose est avant tout une lutte sociale, c'est-à-dire prophylactique, le diaconat est le corps directement désigné pour entreprendre cette lutte efficacement au nom des Eglises protestantes de France.

Le Congrès a, en outre, adopté un **Vœu de M. le pasteur Henry**, concernant « **la formation de groupes diaconaux régionaux (fédérations)**; — les régions étant établies d'après les circonscriptions synodales officielles ».

En dernier lieu, est venue une **communication
faite par M. le pasteur Henry**, touchant l'assistance **dans les campagnes** et spécialement **la
question des enfants malheureux et en danger moral ou orphelins**, — et, sur la demande
de M. le pasteur Henry, la *conclusion* suivante, la
dernière, a été votée par le Congrès :

« La Conférence émet le vœu que chaque orphelin protestant malheureux ou en danger moral ait
un membre de l'Eglise pour tuteur moral ou, si possible, pour tuteur légal, et, qu'à côté des orphelinats,
ces enfants soient placés à la campagne dans des
familles protestantes avec le concours des pasteurs
ruraux. »

CHAPITRE V

VOTE DE RÉUNION D'UN PROCHAIN CONGRÈS
ET VŒUX RENVOYÉS A CE CONGRÈS

Sur la proposition de M. le pasteur GOUNELLE, le
vœu que voici a été voté :

« A l'unanimité, la Conférence émet le vœu qu'une
seconde Conférence des diaconats et Institutions de
bienfaisance soit préparée et organisée par la Commission d'action sociale pour dans deux ans. »

Puis, après discussion sans résultat sur la question
des « sans-travail », le Congrès a décidé que cette

question *devra* figurer en tête de l'ordre du jour, — un rapport sur ce problème si important, devant être déposé alors par une Commission à former par les soins de la Commission d'action sociale. — On utilisera les Etablissements d'hospitalité par le travail, en attendant.

Les questions suivantes ont été réservées également, pour être soumises au prochain Congrès :

La question du vagabondage ;

Celle des collectes ;

Celle de l'élection des diacres pour un temps fixé ; et, pour terminer la liste finale :

Celle des carnets de bienfaisance pour les produits alimentaires et pour le terme, c'est-à-dire pour les loyers ,

Et celle des caisses de prêts gratuits.

Qui toutes deux, ont fait l'objet de communications intéressantes, de M. le pasteur Lombard, et de M. le pasteur Meyer, respectivement.

Après quoi, la Conférence a été déclarée close.

Nota. — Pour ne pas encombrer ce rapport, j'ai mentionné dans une annexe, que l'on trouvera plus loin, toutes autres communications non suivies de votes, et tous autres renseignements et notes, pouvant offrir un intérêt.

MESDAMES,
MESSIEURS,

C'est ici que s'arrête la partie « documentaire » de mon rapport.

Ayant retenu votre attention durant si longtemps déjà, et vous ayant, en résumé, « annexe à part », donné à peu près connaissance de tout ce qui s'est passé au Congrès de Lille, et sur quoi j'avais pris des notes, je devrais ne pas insister davantage, et rentrer dans le rang pour n'en plus sortir.

Mais, j'ai promis en commençant de vous présenter quelques réflexions personnelles sur les enseignements à tirer, à mon point de vue, de toutes ces choses. — Et, sans doute aussi, n'est-il pas mauvais qu'une fois au moins dans sa vie, un laïque fasse un sermon devant ses pasteurs !

Mon excuse à le faire, s'il en faut une, sera qu'il est pour moi d'abord :

Immédiatement, j'apporte une constatation qui va remplir d'aise tous ceux, et ils sont légion, qui s'occupent à Lyon, de près ou de loin, d'œuvres d'assistance.

Oui ! nous pouvons être fiers de notre Ville ! et heureux d'y être ou d'en être ! car (c'est une impression très nette que vos délégués ont eue à Lille), elle n'ignore pour ainsi dire aucune des organisations charitables dont il a été parlé à ce Congrès, soit comme existantes, soit comme à fonder.

Toutes celles mentionnées, ou à tout le moins le très grand nombre, sont ici représentées, sous une forme ou sous une autre, en germe ou en pleine activité.

Si nous passons, en effet, la revue de toutes les réformes ou innovations réclamées à la Conférence, nous voyons que c'est à Lyon que l'on dispose simultanément, soit dans l'Eglise même, soit en dehors comme œuvres publiques : d'un Conseil presbytéral, d'un Diaconat hommes, d'un Diaconat dames, d'une Infirmerie protestante et d'hôpitaux de toutes sortes, de Diaconesses, d'Orphelinats protestants, d'un Sanatorium à prix coûtant, d'une Société de prêts gratuits, d'Hospices pour les vieillards protestants des deux sexes,

D'Œuvres pour les enfants moralement abandonnés,

De Bureaux de placement protestants,

D'un Bureau de renseignements d'assistance,

De Logements ouvriers,

D'Associations alimentaires,

D'un Restaurant économique protestant pour jeunes filles,

D'une Croix bleue organisée,

De Ligues cadettes,

D'Hospices pour les incurables,

De Colonies agricoles,

De l'Hospitalité par le travail,

D'un Ouvroir protestant,

D'une Œuvre de maternité,

D'une Société protestante de secours-mutuels et de retraite,

D'une Société protestante de patronage,

De l'Enseignement professionnel théorique et pratique de toute nature,

D'Œuvres protestantes de Colonies de vacances,

D'un Dispensaire, etc., etc.;

Et c'est à Lyon aussi,

Qu'il y a Diaconat et Sous-Diaconats ;

Que les diacres sont soumis à un stage;

Que leur nomination est approuvée par le Conseil presbytéral ;

Qu'ils reçoivent à leur entrée en fonctions une instruction imprimée leur faisant connaître ces fonctions et leurs devoirs, leur recommandant *spécialement* de travailler au relèvement matériel, moral, et social, de leurs assistés ;

C'est à Lyon,

Que l'assistance n'est pas fondée uniquement sur le système de l'aumône directe ;

Que l'on pratique exclusivement la visite des pauvres à domicile ;

Qu'il existe des fiches signalétiques ou rapports d'enquêtes sur les assistés;

Que chaque diacre n'a que deux ou trois familles à visiter;

Qu'il se préoccupe de trouver du travail à ceux qui en manquent.

Et, cette dernière énumération faite, je ne puis vraiment me retenir d'admirer combien le règlement du Diaconat de notre Eglise a, par avance, répondu complètement, en fixant tous ces principes, aux désidérata exprimés par d'éminents hommes de bien en 1902!

Et je ne puis non plus m'empêcher, en conséquence, de remercier et d'honorer publiquement dans cette assemblée l'auteur principal de ce règlement, notre regretté ancien président du Consistoire, M. le pasteur Jules Aeschimann, qui, très certainement, à l'heure présente, se trouve au milieu de nous!...

C'est donc à Lyon que l'on voit encore pratiquer l'envoi dans des familles protestantes à la campagne, d'enfants orphelins ou moralement abandonnés, *plutôt* que leur envoi aux orphelinats ;

C'est à Lyon que nous avons des études bibliques et d'action sociale faites chaque semaine pendant l'hiver par nos pasteurs ;

C'est à Lyon que l'on compte, au nombre des membres visiteurs des diaconats, des ouvriers !

Et c'est à Lyon enfin, que depuis... toujours, nous avons admis, ou mieux, recherché, le concours de la femme dans nos bienfaisances, quand elle ne nous y avait pas devancés même !

N'avais-je pas raison de dire, et n'ai-je pas raison de répéter, que Lyon est, dans la charité : au premier rang !

Mais à présent ! — Cela d'accord ! — Que conclure ?...

Si nous regardons autour de nous, non seulement dans notre ville, mais partout ailleurs, quel est le spectacle ?

C'est partout la misère ! Et toujours !

Le dilemme est inévitable : « Ou bien l'on ne fait pas tout ce qu'il faut faire ! — ou bien l'on fait mal ce que l'on fait ! » — car aucun chrétien ne voudra prétendre que l'idéal ici-bas puisse ne pas être la marche ascendante vers la réalisation de la perfection, — pas plus que nul chrétien ne songerait à mettre en doute qu'il ait pour obligation morale de faire le bien.

Or, — si nous ne faisons pas tout ce qu'il faut faire ! — si nous faisons mal ce que nous faisons !

Que faut-il faire ?

Où est la vérité ?

Comment agir ?

Ce qu'il faut faire ? — La réponse est simple : — Il faut faire le bien ! Encore le bien ! Et le bien toujours !

Où la vérité réside ? — Elle est Une, en Dieu !

Comment agir ? — Selon l'inspiration de l'Esprit de Dieu !

Il n'est donc point trop difficile de savoir que faire !

Ce qui l'est plus, — c'est de vouloir ! — C'est de remonter à la source divine, pour s'y abreuver d'amour !

Ah ! si chacun portait dans son âme, — et toujours ! — la pensée de Dieu !

Si tout homme, libre d'égoïsme, suivait la céleste inspiration !

Il n'y aurait plus personne pour demander : « Comment agir ? » — Et la bienfaisance serait alors, selon l'un des vœux de M. le pasteur Babut : « joyeuse, — généreuse, — et fraternelle ! ».

Mais ! Il est indispensable aujourd'hui de le confesser à nos pasteurs :

Cette mentalité n'est pas la nôtre !...

Il ne serait pas bon, — et il ne serait pas digne, — de se le dissimuler !

Et c'est là qu'est tout le secret de l'incessant triomphe du mal !

Ce qu'il convient de changer, — c'est notre état d'âme !

C'est notre vue de la vie terrestre, qu'il faut réformer profondément !

Surtout, ce sont nos sentiments vis-à-vis des autres qu'il faut mettre plus en harmonie avec les enseignements de l'Evangile !

Plus d'indifférence coupable !

Plus de découragements !

Plus de dépits !

Arrière les cœurs froids et les cœurs durs !

Arrière, enfin, les cœurs orgueilleux !

Pour combattre la misère, rien de tout cela ne vaut !

Que ni l'apparente inutilité de nos efforts, ni l'absence de reconnaissance chez nos assistés, ni leurs ingratitudes mêmes, ne nous arrêtent un seul instant, — mais qu'elles soient pour nous au contraire comme la résistance du point d'appui pour le levier ;

qu'elles nous incitent à faire plus et mieux; car nul
bienfait n'est sans conséquence, et ce n'est point
pour se grandir, ou pour gagner des hommages, que
l'on fait son devoir, que l'on est bon. — Et surtout,
n'oublions pas que ce qui pour Dieu est l'assistance,
ce n'est pas le don lui-même, mais bien la manière
dont on donne, et le sentiment qui nous pousse qu'il
y ait ou non don matériel.

Tous ! nous ignorons ce qu'est la misère !

Beaucoup méconnaissent la pauvreté !

Descendons jusque dans cette foule où peut-être
seuls les vices et les débauches nous sont apparus,
et nous y découvrirons ce que jamais nous n'aurions
eu l'idée d'aller chercher là : les exemples les plus
touchants de soutien mutuel ordinaire, de désinté-
ressement complet, et de véritable fraternité !

C'est là que nous seront révélés de tels sublimes
sacrifices que nos esprits, imbus malgré tout
d'égoïsme, en seront absolument confondus et
déconcertés.

Il y a dans le peuple de grandes vertus.

Mais il les cache soigneusement.

Probablement estime-t-il que cela ne vaut pas la
peine d'être montré !

Que nous le sachions bien, tous ! — C'est au sein
de la pauvreté que se dévoilent les applications de
la loi morale : celle qui fait deviner le bien à faire, et
l'accomplir ! — Oh ! que cette parole est admirable:
« plus le chrétien est élevé au point de vue extérieur
et social, plus il doit s'abaisser, par amour ». Elle
est de M. le pasteur Babut, encore.

Abaissons-nous donc, nous tous, qui avons le nécessaire et quelques-uns beaucoup plus ; — Abaissons-nous, pour nous élever.

Ayons l'humilité du cœur, l'humilité qui nous
montre, avec la dernière évidence, que rien de ce
que nous avons : santé ! famille ! situation ! fortune !
facultés plus ou moins grandes de travail, de concep-
tion et d'intelligence ! que rien de tout cela ! rien !
n'est à nous ! — Que toute vanité serait vaine ! le
seul vrai mérite étant, non d'avoir reçu, acquis,
ou accru tous ces avantages, mais de les faire
valoir au mieux, dans un esprit d'amour fraternel.

Ayons cet amour entre nous tous, enfants spiri-
tuels d'un unique Dieu !

Il faut, a-t-on dit à Lille, il faut que les classes se
rapprochent et se pénètrent ! — Eh bien ! je vous le
demande : Comment cela est-il possible, autrement
que par l'amour et l'humilité ?

Oui ! lorsque nous tous, et les autres hommes,
nous aurons assez progressé vers cet idéal, pour aller
familièrement nous asseoir avec bonheur au foyer
du pauvre et du misérable (et quelle ironie profonde
que ce mot « foyer » dans ce dernier cas !...), —
et là, souvent, par habitude, nous entretenir avec
eux cordialement, en amis réels, de ce qui les touche
et de ce qui serait susceptible de les intéresser ou de
les servir ! — Quand, tous, nous saurons lire dans
leurs âmes, y entrevoir tout ce qu'elles renferment
souvent de grandeur latente, — nous rendre compte
du réseau de liens puissants qui les enserrent, et les
compriment, et les font souffrir ! — quand, tous,

nous les aimerons, même malgré leurs faiblesses, malgré leurs révoltes, malgré leurs chutes !

Alors, mais alors seulement, nous serons près de voir disparaître ce qui devrait être pour tous le vivant reproche : — La misère d'autrui !

On a demandé à Lille, dans un questionnaire, « comment l'on devait s'y prendre pour gagner le cœur du peuple ? » — Voilà ! voilà comment l'on s'y prend !...

Et qu'il soit ici bien entendu qu'il ne s'agit pas seulement d'un contact superficiel, mais du seul rapprochement qui soit durable : du rapprochement, individuel surtout, par l'Esprit de Dieu !

Au surplus, qui d'entre nous, supposant pour un instant, qu'au lieu d'être né où il est né, il ait été l'enfant chétif de parents pauvres ou misérables, — lequel d'entre nous oserait affirmer que, néanmoins, il serait devenu ce qu'il est, et non « l'individu » de piètre apparence, qu'il regarde un peu de bien haut ?

Si habitué que l'on soit, par une appréciation purement mondaine sans valeur morale, à se croire d'une essence supérieure par le fait de son origine ou de la fortune, on ne peut cependant s'empêcher de considérer fréquemment les liens d'atavisme et le milieu comme une explication, parfois aussi comme une excuse, à l'apathie, aux aberrations, à la déchéance même des malheureux.

Et ce n'est point là prétendre, comme on a pu le déduire d'une théorie soutenue il y a quelque temps par un académicien grand psychologue, que l'atavisme et le milieu constituent des obstacles insur-

montables pour le génie personnel, ainsi que pour
l'éducation quelle qu'elle puisse être.—Non! cela, le
croyant ne saurait l'admettre ; — et ce n'est point là
ce qui est ; car, si c'est en bas seulement que règne
la misère physique, c'est de tous les degrés de
l'échelle sociale que l'on voit s'élever, vers les hautes
régions du savoir, de l'intelligence, et de la pensée,
des hommes à l'esprit supérieur, avides de la science
totale et de la suprême moralité ! — De même que
c'est, — il faut bien le dire, — à tous les degrés aussi
que s'étalent, ou se dissimulent, les inepties, les
bassesses, les turpitudes et les lâchetés !

Mais, devant les désordres lamentables aperçus
au-dessous de soi, il convient de se récuser comme
juge soi-même, et d'avoir pitié plutôt que
mépris !

Aussi, qu'à l'humilité véritable, à l'amour chrétien, vienne se joindre l'indulgence particulière que
donnent la profonde connaissance de l'âme humaine et
l'examen réfléchi des fatalités sociales de notre temps !

C'est là l'œuvre spirituelle qui nous incombe :
— Être vertueux! l'être avec joie! et faire l'éducation des petits, dans un esprit d'humilité et d'indulgence, — par l'amour !

Qu'ajouter encore?

En dehors, et en outre, de cette Œuvre grande,
plus urgente et plus importante que toutes les autres,
« la transformation intime de soi-même, et l'action
d'amour à en provenir », il y a deux grandes caté-
gories : — d'un côté, œuvres de soulagement et de

guérison, — de l'autre, œuvres de préservation contre le mal.

Qu'une émulation féconde s'empare de tous, — et que nul ne soit exempt de la tristesse de voir la multitude des misérables se débattre, sans succès notable sinon sans espoir, contre des nécessités vitales toujours supérieures à leurs ressources !

Que personne ne se dérobe !

Suivant l'axiome contrôlé « ce que l'on fait le mieux, c'est ce que l'on aime », que chacun, obéissant à ses tendances naturelles, se voue, entre toutes les tâches, à celles que l'éloquent mouvement de son cœur lui indiquera ou à celles pour lesquelles il se sentira le mieux préparé ; — selon leurs occupations, leurs tempéraments, leurs facultés, que les uns emploient leurs généreux élans au soulagement de cas particuliers qui les sollicitent ou qu'ils s'ingénieront à trouver d'eux-mêmes ; que les autres, mieux doués pour l'action sociale, s'attribuent un champ plus vaste, s'attaquent à des problèmes d'ensemble, s'efforcent de demander à l'inconnu les dispositions et les méthodes les plus propres à garantir au bien la victoire ; — mais que tous soient aiguillonnés par le besoin d'accomplir, de tenter au moins, quelque chose, pour reprendre à la misère la part qu'elle a prise, et lui interdire pour l'avenir ses empiétements !

Il est d'ailleurs essentiel de sauvegarder l'initiative individuelle, qui est indispensable au monde, et de ne pas avoir le fétichisme de telle ou telle œuvre.

Il serait dangereux de tomber, pour la bienfai-

sance, dans l'erreur commise par l'Église de Rome
pour ses doctrines, — erreur qui est celle d'avoir
rendu immuables des dogmes qui étaient le fait des
hommes, et d'avoir de cette façon, et par des persé-
cutions séculaires consécutives, engendré le duel
absurde qui existe de nos jours entre la Science et
la Religion !

Et de même importe-t-il de laisser sans les imiter
ces autres dogmatiques, les athées, s'égarer sur le
terrain de l'intransigeance fausse et obstinée, dans
la négation de tout ce que la Science « actuelle »
n'est pas en état de leur démontrer !

Car, ni l'idée de « solidarité universelle », ni la
raison, ne suffisent pour créer dans l'homme l'obligation morale qui commande l'action et la dirige, —
et, d'autre part, toutes les œuvres sont utiles, toutes
sont bonnes, au regard de Dieu, si, et tant que,
notre cœur, inspiré par son Esprit, peut nous
assurer qu'elles le sont !

Consultons notre raison. — Oui ! — Sans doute !

Mais écoutons notre cœur également ! — Et notre
foi !...

.   .   .   .

A l'extrémité de la France, il y a quelques jours,
les murs d'un Temple ont retenti de paroles saintes,
montées vers la voûte comme autant d'harmo-
nieuses espérances, pour s'y fondre, plus près du
Ciel, en un rêve d'idéale fraternité...

Que ce rêve sublime d'avenir devienne le nôtre !

Tâchons surtout de le vivre ! — Et, pleins de

l'humilité vraie, remplis d'amour pour tous nos
frères, souvenons-nous que, moralement, si le choix
entre les tâches est toujours possible, l'inertie, elle,
ne l'est jamais.

A. BELLEMIN.

1er Novembre 1902.

ANNEXE AU RAPPORT

Note 1. — L'église de Nîmes ne s'est pas fait représenter au Congrès.

M. de Boyve, présent pour son compte personnel, s'est levé spontanément pour expliquer que la cause de cette abstention avait été le projet de « fédération », parce que M. le pasteur Grotz, craignant de voir son diaconat s'engager dans cette voie, ne l'avait pas même consulté. (Ceci, toutefois, sous réserve de bonne interprétation de ma part.)

M. le pasteur Gounelle en a exprimé son profond regret, s'étonnant, d'ailleurs, de « l'épouvante » inspirée par ce mot de « fédération », et ajoutant que, devant toutes les résitsances soulevées partout par cette idée, il en avait fait l'abandon momentanément.

Note 2. — Au sujet du chiffre de 262 réponses reçues, à 1000 questionnaires envoyés, M. le pasteur Gounelle a fait la réflexion que, peut-être, ce questionnaire n'était pas assez précis ou était mal rédigé, que peut-être aussi certaines églises avaient pu éprouver quelque méfiance vis-à-vis d'une œuvre, nouvelle pour elles, ou bien qu'à côté de cas comme celui de Nîmes, des Églises sans diaconats avaient pu penser n'avoir rien à dire et cru inutile de répondre.

A ce propos, M. le pasteur Gounelle a exprimé le désir

qu'un rapport, dans le genre du travail si consciencieux fait par M. le pasteur Julien Martin pour les organisations diaconales de la région du Nord, fût dressé pour chaque région, de façon à compléter l'enquête générale, qui reste à continuer.

Note 3. — Dans son rapport, M. le pasteur Gounelle a classé les diaconats en trois grandes familles :

1º Les « grands » diaconats, ayant des budgets de 5o à 100.000 francs, tels que ceux de Nimes, Marseille, Lyon, Bordeaux, etc.

Ces grands diaconats devraient, a-t-il dit, entrer entre eux en conférence ;

2º Les diaconats « moyens », ayant des budgets de 2, 3, 10.000 francs, et de 5o à 100 familles, comme ceux de Lille, Roubaix, etc. ;

3º Les diaconats ruraux, où le pasteur est semblable à un roi absolu, car il est obligé de tout faire seul.

Ces diaconats souffrent du défaut d'argent, et, cependant, ils ont des pauvres : orphelins, veuves, etc.

De plus, ils ignorent tout des moyens d'action, et ne savent comment on procède pour s'organiser.

(Quelqu'un a cité le cas d'un vieillard protestant, à Inchy, qui, faute de ressources et de tout appui quelconque du côté de l'Eglise, a été obligé d'entrer dans un hospice catholique.)

Cet état, a dit M. le pasteur Gounelle, cet état est lamentable.

Une réforme profonde s'impose. Il faudrait fédérer régionalement ces diaconats, par région, soit consistoriale, soit synodale, avec un Comité régional.

Note 4. — Touchant les diaconats ruraux, M. le pasteur Louis Lafon, de Montauban, a dit que, si certains pasteurs de campagne produisent ainsi l'effet de monarques absolus, cela provient de ce que les diacres et les anciens, n'ayant pour ainsi dire rien à faire, arrivent à se désintéresser de leurs tâches, et qu'en tout cas, dans une Église ne comptant que trois ou quatre pauvres, connus de tous, et bien connus, — le pasteur, ayant facilement et fréquemment l'occasion de s'entendre à leur sujet avec les anciens et diacres, au moyen d'un simple entretien, — il n'est nul besoin de commissions d'enquêtes ou d'organisations compliquées pour cela faire.

Mais qu'il comprend que l'on aboutisse à une solution toute différente, du moment que l'objectif ne serait plus seulement de soulager la misère, mais de la combattre, elle et ses causes.

Alors, c'est en effet une belle tâche, pour les diaconats ruraux à créer !

Note 5. — Sur la première conclusion de M. le pasteur Babut (p. 16), une longue et vive controverse a été soulevée par M. Biville, professeur de droit à l'Université de Caen, qui, rappelant ce texte des Actes des Apôtres :

« Or la multitude de ceux qui avaient cru n'était qu'un cœur et qu'une âme, et personne ne disait que ce qu'il possédait fût à lui en particulier ; mais toutes choses *communes* entre eux »,

A demandé si le sens de ce verset n'est pas que tous les biens des chrétiens avaient été mis par eux en communauté, et si, tel étant le sens, on ne devrait pas aujourd'hui agir de même si l'on veut, selon la première conclusion de M. le pasteur Babut, imiter les premiers chrétiens ?

Après une foule d'arguments, pour et contre cette interprétation de ce texte, arguments appuyés d'ailleurs dans les deux sens sur d'autres versets du même chapitre, la question de M. le professeur Biville est demeurée sans réponse finalement, — et la première conclusion de M. le pasteur Babut a été votée, comme respectant, par sa rédaction excellente, toutes les opinions.

Note 6. — Au sujet de la quatorzième conclusion de

M. le pasteur Babut (p. 19), le Congrès a voté, jointe à cet article, la proposition suivante :

« L'assemblée réserve la question de la consécration avec imposition des mains », cette question ayant donné lieu à différentes et nombreuses objections dont une, morale, que voici : c'est que l'extrême solennité et l'importance de cette cérémonie risqueraient d'éloigner des fonctions de Diacre des hommes, justement les meilleurs esprits, qui, devant un acte aussi grave à accepter, ne s'en sentiraient pas assez dignes, et reculeraient.

Note 7. — M. Nachon a demandé qu'il fût entendu qu'à l'occasion, en cas d'empêchements pour le pasteur, les diacres devraient accompagner les enterrements au cimetière et faire la prière sur la tombe.

Cette proposition, qui vise les diacres de campagne, a été renvoyée à la délibération des autorités ecclésiastiques, comme relevant d'elles.

Note 8. — M. le pasteur Trial s'est déclaré partisan de l'élection des diacres pour une durée déterminée, afin que l'on puisse remplacer, sans difficultés, ni froissements, certains diacres qui s'éternisent dans leurs fonctions tout en arrivant à s'abandonner à l'inertie la plus absolue.

Note 9. — Il a été demandé que les instituteurs figurent dans les diaconats, toutes les fois qu'ils pourront le faire sans que cela nuise à leur carrière.

Note 10. — D'après M. de Boeck, il existe à Bordeaux une Société des Amis des pauvres, fondée en 1889, pour faire aux malheureux des prêts gratuits, c'est-à-dire sans intérêts.

La moyenne des remboursements est de 43 pour 100.

Note 11. — Estimant l'aumône aujourd'hui bien décriée, M. le pasteur Bonzon, de Paris, s'en est constitué le défenseur.

Elle ne mérite pas du tout, a-t-il déclaré, sa défaveur actuelle! — Il convient, bien entendu, qu'elle soit employée judicieusement, et surtout faite avec le tact de la charité véritable, mais, ainsi comprise, elle demeure encore, selon lui, sous une forme ou sous une autre, le seul moyen de secourir les malheureux dans un très grand nombre de cas.

Note 12. — L'expression « à défaut d'affiliation », dans le vœu de M. le pasteur Hoffet, voté à Lille (voir Rapport, p. 29), a eu pour intention de désigner les diaconesses qui ne voudraient pas porter le costume, bien que remplissant leur rôle.

Note 13. — A propos des enfants abandonnés, M. le pasteur Richard, de Lille, qui s'occupe en ce moment même de la création d'un asile pour ces enfants, a mentionné que, sur 124 enfants condamnés pour vagabondage, 4 (?) seulement, se trouvent dans les conditions voulues pour que l'Assistance publique s'en charge!

Sur ce même sujet, M. le pasteur Comte a déclaré, en réponse aux plaintes exprimées par M. le pasteur Henry dans le sens contraire pour sa région — que, comme tuteur légal officiel de tous les enfants stéphanois abandonnés ou orphelins isolés, — il a *toujours* obtenu des autorités, que les enfants protestants confiés à l'assistance publique fussent placés dans des familles protestantes désignées par lui.

Il s'agit seulement, a-t-il ajouté, de s'y prendre convenablement auprès de l'administration pour faire ces demandes.

En outre, M. le pasteur Gounelle a signalé, avec les

plus vives louanges pour son auteur, une brochure de mon ami le pasteur Gayte, consacré à Lyon même, et directeur, actuellement, de la Société de Sauvetage de Paris.

Cette brochure, dont il a recommandé la lecture, contient, a-t-il dit, un double rapport, excessivement remarquable, sur une double enquête dont avait été chargé mon ami le pasteur Gayte.

Note 14. — M. Wilfred Monod a préconisé les demi-colonies de vacances à 50 centimes par jour.

Note 15. — Dans la discussion, restée en suspens, sur les « sans-travail », et touchant la demande faite par M. de Boeck que l'on crée des œuvres d'hospitalité par le travail, protestantes, M. le pasteur Comte a critiqué l'emploi de ces œuvres qui ne font, d'après lui, quand il s'agit de « sans-travail », que donner aux uns le travail des autres.

Au surplus, a-t-il affirmé, l'on ne peut songer à créer des organisations de ce genre pour les réserver aux seuls ouvriers protestants ; ce n'est pas faisable, et d'ailleurs, a-t-il conclu, « il faut élargir les cadres de l'assistance et travailler au relèvement moral et social de tous ».

Note 16. — Des diaconesses suisses assistaient à la Conférence.

Note 17. — Un « repas fraternel » a réuni, le vendredi 24 octobre, de midi à 2 heures, plus de deux cents personnes, dont un grand nombre de dames et de demoiselles, ainsi que tous les membres du Congrès, naturellement.

Beaucoup de toasts ont été portés, dans tous les genres, et tous ont puisé leur inspiration dans les préoccupations de la Conférence.

Note 18. — Le vendredi soir, M. le pasteur Dieterlen a édifié tous ses auditeurs par une prédication de circonstance, toute pleine de charme religieux et de douceur simple, sur la rencontre désirable et souhaitée, de toutes les classes, dans l'amour chrétien.

Comme délégué reçu à Lille, je rends un hommage sans réserve, à l'organisation excellente, et à la bonne marche de tout, ainsi qu'à l'amabilité très cordiale de ceux qui avaient si bien tout préparé pour nous accueillir.

A. BELLEMIN.

1ᵉʳ novembre 1902.

Lyon. — Imp. A. REY, 4, rue Gentil. — 32426

www.ingramcontent.com/pod-product-compliance
Lightning Source LLC
LaVergne TN
LVHW021704080426
835510LV00011B/1578